U0635106

一艘间谍船的故事『普韦布洛』号危机

A Short Story
of a Spy Ship

"口袋中的世界史"丛书
丛书主编：沈志华
执行主编：梁 志

The
Pueblo
Crisis

梁志 ——— 著

天津出版传媒集团
天津人民出版社

图书在版编目（ＣＩＰ）数据

一艘间谍船的故事："普韦布洛"号危机 / 梁志著
. -- 天津：天津人民出版社, 2024.4
（"口袋中的世界史"丛书 / 沈志华主编）
ISBN 978-7-201-20321-8

Ⅰ. ①一… Ⅱ. ①梁… Ⅲ. ①间谍—情报活动—史料
—美国 Ⅳ. ①D771.236

中国国家版本馆 CIP 数据核字(2024)第 058524 号

一艘间谍船的故事："普韦布洛"号危机

YI SOU JIANDIE CHUAN DE GUSHI ："PUWEIBULUO" HAO WEIJI

出　　版　天津人民出版社
出 版 人　刘锦泉
地　　址　天津市和平区西康路35号康岳大厦
邮政编码　300051
邮购电话　(022)23332469
电子信箱　reader@tjrmcbs.com

策划编辑　王　玙
责任编辑　王　玙
特约编辑　曹忠鑫
封面设计　汤　磊

印　　刷　天津海顺印业包装有限公司
经　　销　新华书店
开　　本　880毫米×1230毫米　1/32
印　　张　3.125
插　　页　5
字　　数　50千字
版次印次　2024年4月第1版　2024年4月第1次印刷
定　　价　44.00元

"口袋中的世界史"丛书
编委会

主　　编：沈志华

执行主编：梁　志

编委会成员（按姓氏笔画排序）：

朱　明　沐　涛　沈志华　陈　波

孟钟捷　姚　昱　梁　志　谢国荣

执行主编
本书作者
　　梁志

　　历史学博士,现任华东师范大学历史学系
教授、系主任,研究方向为冷战史、当代中国对
外关系史。

总 序

历史学系的青年教师们与天津人民出版社合作,计划出版一套通俗世界史读物,面向青少年,名曰"口袋中的世界史",请我作序。

接到这个"任务",脑海里立即呈现出我儿时读历史书的情景。我上小学时的历史知识都是来自"小人书"——《三国演义》《杨家将》《水浒传》等,到初中时,爱不释手的就是中华书局出版的"中国历史小丛书"了。这套书的主编是著名明史专家吴晗,作者也大都是名已见经传的历史学者。到20世纪60年代中期左右,该丛书共出版了一百四十多种,有人物、事件、古代建筑和名胜古迹,文字简洁,通俗易懂,还有名家插图。我想,我对历史研究的最初的兴趣或许就是从这里开始的。

如今已经是信息爆炸的网络时代了,获取历史知识的渠道和方式十分丰富。不过,对于青年人，特别是青少年来说，为他们编写一套专业、精致又简易的历史小丛书还是很有必要的，特别是在世界历史方面。青少年在走进世界之前，首先应该大致了解世界，这就需要读一点世界史，而仅靠应试教育的中学历史课程恐怕很难做到这一点。20世纪60年代，英国历史教育曾经出现了一次危机，英国学校委员会经过调查发现，学生们不喜欢枯燥无味的历史课，有学者甚至认为历史学科可以并入社会学科。于是，历史研究者和历史教师要向公众解释：历史教育为什么重要，为什么必须保留？这次危机引发了英国历史教育的重大改革，各地历史教师组成多个研究组织，探讨了使历史教学丰富多彩、引人入胜的途径和方式，其中增加历史游戏、历史戏剧和课外读物就是重要的内容。

梁志教授告诉我，第一辑有六本书计划出版，包括希腊内战（危机）、匈牙利危机、刚果危机、柏林危机、古巴导弹危机、"普韦布洛"号危机；第二辑包括世界历史上的六场战争；以后还会有人物辑、地理辑、科技辑、经济辑等。对于今天的中国历史教学来说，如果能够出版一套既能体现最新史学理念和成果，又多姿多彩、通俗易懂的世界史丛书，帮助青少年了解世界，并形成"睁眼看世界"的思维方式，进而通过课内外结合提升中学历史教育的有效性，或许能够走出历史教育的某些困境，也为中国这一代青少年走向世界奠定坚实的思想基础。

我非常期待"口袋中的世界史"能够顺利出版，并延续下去。

沈志华

2023 年 5 月

写给读者

经过三年的筹备,"口袋中的世界史"丛书的第一辑终于和大家见面了。本辑的主题为"冷战中的国际危机",考虑到地域和时间分布以及危机类型等相关因素,选取了希腊内战(危机)、匈牙利危机、刚果危机、柏林危机、古巴导弹危机、"普韦布洛"号危机,呈现给大家。

冷战可以被视为距离当下最近的一段历史了。概言之,冷战是东西方两大阵营之间长期的竞争与对抗,本质上是一种非战非和的状态。恰恰是就这一点而言,国际危机可能是东西方冷战时期国家间关系的一种"常态"。正因如此,在核武器问世并逐渐成为全球毁灭性力量的情况下,如何应对国际危机,特别是防止国际危机演化为战争乃至世界大战,成为各国政要关心的重要议题。在古巴导弹危机后,美国国防部部长罗伯特·麦克纳马拉宣称："今后战略可能将不复存在，取而代之的是危机管理。"由此，国际危机管理成为政治家、媒体、学者乃至大众共同关注的一个概念。

本辑选择的国际危机涉及亚非美欧各大洲，时间从20世纪40年代后半期一直延续到60年代末。这六次国际危机类型丰富，有内战危机、核危机和情报危机等。影响国际危机走向和结局的因素很多：本土各派势力的实力对比与博弈；超级大国（个别情况下也包括地区大国）的反应，特别是保持克制的程度（谈判并做出妥协的意愿如何、是否接受调停或倾向于动武等）；国际上包括联合国在内的相关方的调停意愿与能力；各有关国家领导人（有时也包括各级军官）在危机期间对突发事件的判断和应对。

重温这六次国际危机的来龙去脉，可以从中窥见一段段跌宕起伏、惊心动魄的历史故事：既有政治家展现出来的大国智慧，又有普通人面对历史大势的隐忍无奈；既有国际秩序和国际格局对一国的刚性束缚，还有偶发因素影响下的历史"转弯"；既有冷战政治与人道主义之间形成的有限张力,更有各种复杂要素共同形成的无限合力。

　　故事的情节固然精彩,但远没有防止国际危机恶化乃至爆发战争的经验和教训可贵。我和几位志同道合的中青年历史学人一直致力于史学研究,在出版社朋友的建议下,策划了丛书第一辑的出版。口袋是"小"的,历史是"大"的,希望这套小口袋书能够给读者打开历史大视野,从中国放眼世界,在世界中认识中国。

梁　志

2023 年 5 月

contents

目　录

楔　子

时间 1968 年 1 月 23 日中午，地点朝鲜元山港外。

一艘美国舰船的舵手发现，南方大约 13 公里处有一艘船只正在高速向己方驶来。很快，美国舰船船长布赫认定，对方是一艘全副武装并处于战备状态的朝鲜 SO-1 型猎潜艇。没过多久，朝鲜又向这一海域派出了另外一艘猎潜艇，以及更多的苏制 P-4 型鱼雷艇和米格战斗机。美朝双方的船只进行了简短的旗语交流后，朝鲜人准备登船，美国舰船却加速逃离了。朝方见状迅速驱船赶了上来，并随即开火。最终，美国舰船和船员悉数被俘。11 个月后，美国船员获释，舰船则被朝鲜扣留至今。

这艘美国舰船便是"普韦布洛"号，此事便是著名的"普韦布洛"号危机。

一、踏上不归路

从船只改造到人员配备，从首航任务的确定到风险评估，"普韦布洛"号诞生前后所发生的一切，似乎都注定了这艘船只和船员的命途多舛。

1.美国间谍船改造计划

二战结束后的最初几年，通信情报的搜集和利用变得越来越重要，但美国拦截和分析通信情报的工作始终处于各自为政、一盘散沙的状态。1951年夏天，朝鲜战争进入边打边谈阶段，信号情报(在美国情报界的用语中，信号情报是通信情报、电子情报和遥测情报的总称)成为美国监视中朝军队动向的可靠手段。经过一番调研和讨论，1952年10月24日美国总统杜鲁门指定国防部部长为通信情报活动总负责人，并决定成立主要负责搜集和处理通信情报的秘密机构——国家安全局，其前身为武装部队安全局（Armed Forces Security Agency, AFSA）。[①]此次改革给通信情报界带来的最大变化就是确立了垂直管理体制，从而在很大程度上克服了过去明显存在的中央权力有限及各军种无序竞争等弊端。

20世纪50年代，战略预警系统的主要信息来源之一便是信号情报。随着信号情报应用范围变得越来越广，需求量自然也日益增大。为了监听外国通信信息，国家安全局构建了一个由两千多个固定监听站组成的庞大的监听系统。但非常有趣的是，由于当时美国的头号敌人是苏联，所以这套监听系统主要分布于苏联周边地区，整个非洲只有两个，拉丁美洲则一个没有。

极不均衡的地理分布和十分有限的监听范围明显影响了国家安全局的工作效率。为了尽快改变这一局面，1959年白宫首次批准建造、装备和使用洋面非战舰作为流动监听站进行情报搜集。这

---

① 1952年11月4日，国家安全局正式成立。在此后的二十余年里，很少有美国人知道该机构的存在。因为国家安全局的简称为"NSA"（National Security Agency），很多知情者戏称其为"No Such Agency"（无此机构）或"Never Say Anything"（绝口不提）。

就是所谓的"辅助通用技术考察船"（Auxiliary General Technical Research，AGTR）计划。对美国来说，这是一个创举。以往，美国海军都是利用战舰来搜集情报的，而这种做法存在很多弊端：一是影响战舰履行正常职责；二是由于其特别构造和空间限制，战舰并不适合进行情报搜集；三是战舰太具挑衅性，行动受到种种制约；四是诸多海洋条约、公约限制着战舰的行动方式和范围，而非战舰则不受这些约束。1961年7月8日，第一艘非作战情报搜集船"牛津"号在纽约海军船坞诞生。此后，又有六艘非战舰陆续开始作为情报搜集船服役，它们原本都是二战期间的陆军轻型货船。

总体来看，20世纪60年代中期以前，"辅助通用技术考察船"计划运行良好。于是，1964年美国国防部的焦点开始转向利用更小的船只进行信号情报搜集，理由是：多年来苏联一直在这样做，且非常成功[1]；利用小型船只的好处是更加灵活、

① 苏联是世界上最早将非战斗舰船改装为"海军辅助情报搜集船"进行信号情报搜集的国家。20世纪60年代末，苏联大约有40艘"海军辅助情报搜集船"。根据美国人的说法，此前苏联"海军辅助情报搜集船"曾多次侵犯美国领海，但美国从未抓捕或攻击苏联船只，更未逮捕或杀害苏联船员，而只是根据国际法要求其离开。

对情报需求反应更快、花费更少。在美国军方看来，最理想的改造对象是拖网渔船，但问题在于美国并没有这类船只，而建造拖网渔船的花费将远远高于旧船改造。对美国而言，最接近于拖网渔船的是二战期间为太平洋战场运输所建造的陆军轻型货船。就这样，"辅助通用环境考察船"（Auxiliary General Environmental Research，AGER）计划问世。接下来，美国军方各部门之间常见的权力之争再次发生，海军部和国家安全局在谁控制信号情报搜集计划的问题上争论不休。一番讨价还价过后，最终国家安全局非常不情愿地同意"辅助通用环境考察船"首先满足海军部的情报需求，然后再考虑国家安全局确定的国家层面的总体情报目标。具体分工为：海军部负责行动实施，国家安全局为之提供技术支持。

美国太平洋舰队针对"辅助通用环境考察船"计划提出了具体的实施方案：首先，试验性地改造"旗帜"号（Banner，编号为AGER-1）轻型货船，并进行初步的情报搜集活动；假如"旗帜"号能够完成基本使命，再改造若干艘轻型货船，进行全面情报搜集，以便积累经验、确定程序，并为下一阶段准备必要的设备；倘若前两个阶段的实践证明计划具有可行性，则最终将此类情报船的数量增加至12到15艘。

图1 "旗帜"号

1965年10月到1967年底，"旗帜"号总共在太平洋海域执行了16次侦察任务：13次在日本海，目标可能是苏联，余下的3次在中国东海。赴日本海执行任务的过程中，"旗帜"号也曾在朝鲜沿海作业，其中有一次还在元山港（Wonsan）附近逗留了一天半的时间。在日本海活动期间，美国军方从未给"旗帜"号提供特别的保护措施。美国之所以如此自信，主要是因为美苏之间"心存默契"，互不抓捕对方的情报船。既然苏联是社会主义阵营的"老大哥"，那么其他社会主义国家面对美国情报船自然也就不会做出破坏美苏之间"规矩"的举动。但也有例外,在中国东海的三次行动中,美国军方每次都专门告知在台湾海峡巡逻的驱逐舰,让它在必要时向"旗帜"号提供援助。头两次,美军在冲绳服役的战斗机还处于戒备状态,随时准备支持"旗帜"号。第三次,相关部门依旧通知了空军,但并未要求安排警戒飞机。其中有一次,"旗帜"号在中国东海作业时受到严重干扰,位于其大约450海里(约合833公里)以外的驱逐舰赶往救援,约16小时后赶到事发海域附近,停留在30海里处。很快,"旗帜"号告知干扰停止,驱逐舰返航。另一次,驱逐舰又接到"旗帜"号的求援信息,在赶赴事发海域的途中被告知干扰停止,则掉头返回。此外,"旗帜"号在日本海执行任务时也有七次受到干扰,惯常的形式是贴近航行制造冲撞危险,至少有一次苏联驱逐舰命令"旗帜"号停船,否则开火。"旗帜"号缓慢驶离这一海域,对方并未采取进一步行动。即便如此,美国军方决策者们始终相信,150年来美国军舰从未在公海被俘或遭遇攻击,以至于对"旗帜"号屡遭干扰视而不见。

1965年底，也就是在"旗帜"号刚刚进入服役期且试验性作业并不顺利之时，美国国防部又仓促批准了"普韦布洛"号（Pueblo，编号为AGER-2）和"棕榈滩"号（Palm Beach，编号为AGER-3）改造计划。

2."普韦布洛"号诞生

"普韦布洛"号的前身是美国陆军编号为FP-344的货船。该货船长约54米，宽不足10米，1944年4月16日由奇瓦乌尼造船与工程公司

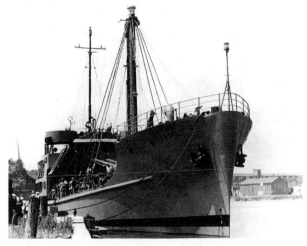

图2　美国陆军FP-344货船（"普韦布洛"号的前身）

（Kewaunee Shipbuilding and Engineering Company）制造完成，二战期间先后在菲律宾和韩国服役，1954年退役。

20世纪60年代中期，FP-344货船宁静的"退休生活"宣告结束。1966年4月12日，它转归海军部所有，被重新编号为AKL-44。海军部对外宣称要将该货船改造成名为"普韦布洛"号的辅助轻型货船，实际上是信号情报搜集船。10天后，"普韦布洛"号来到位于华盛顿州布雷默顿的普吉特湾海军造船厂等待改装。7月5日，改装工程正式启动。

由于经费不足、保密要求等原因，"普韦布洛"号的船体改造工程应该说是障碍重重、漏洞百出。

在设备安装方面，出现了很多令人大跌眼镜的状况。海军部想当然地认为"普韦布洛"号和"棕榈滩"号属于姊妹船，因此对二者实施的是同一套改造计划。事实上，两艘船的船体结构明显不同，船只改造过程中多次出现了"张冠李戴"的情况。更让人不可思议的是，一开始造船厂按照海军舰船系统指挥部的命令，将信号情报设备安装在了错误的位置上。意识到这一失误后，改装人员又用了将近两个月的时间、花费了超过25万美元重新进行了安装。尽管如此,信号情报系统在某种程度上依旧存在操作不便的问题,海军舰船系统指挥部甚至忘记了固定某些通信技术人员所需的座椅。

图3 "棕榈滩"号

"普韦布洛"号的通信系统、导航设备和动力装置性能均比较低下。它在执行任务时需要及时与日本上濑谷美国海军通信站(Kamiseya Communications Station)建立联系,但由于信息传输功率有限,它的外部通信系统必须在近距离才有可能与通信站实现通信。有时,即便是在有效距离内,如果附近船只的设备信息传输功率更大,对方的干扰也会让"普韦布洛"号难以收发信息。不仅如此,由于受到天气和电离层的影响,凌晨和深夜时分"普韦布洛"号与外界的联系同样不畅。概而言之,基本上"普韦布洛"号大多数时候都只能被迫处于"失联"的状态。不仅如此,其内部通信系统同样令人感到沮丧,平时联系不方便,紧急状态下更无法迅速实现全船沟通。此外,"普韦布洛"号的导航系统也不灵敏,有时偏差竟达到5海里;罗盘指向也不准确,最高误差超过20%;发动机更是老式的,存在严重的设计问题,经常出现故障。

更为致命的是,"普韦布洛"号的紧急破坏系统聊胜于无。作为一艘信号情报搜集船,应该有完善的紧急破坏系统,以确保一旦出现被俘的情况,能够较为顺利地毁掉机密设备和文件,避免被敌人缴获。普吉特湾海军造船厂为"普韦布洛"号配置了两台碎纸机,但它们的效率实在太低,每次只能粉碎三四张纸。"普韦布洛"号船长布赫一再要求安装一台焚化炉,但始终没有得到批准。最终,上级部门决定从用于船员生活和休闲的4000

美元经费中拨出1300美元购买一台商用手动焚化炉。但即便是这台焚化炉，一次也只能焚烧4磅纸，而且事先还要把纸张切碎或撕碎。不仅如此，如果每次添加纸张过多或过少都有可能让火熄灭。毫无疑问，对于携带六百磅左右纸质文件的"普韦布洛"号来说，海军部提供的上述纸质文件销毁设备远远不够。同样，"普韦布洛"号上用于破坏情报设备的工具就只有三把消防斧、三个锤子和一些尖头榔头。然而绝大多数情报设备都被金属外壳包裹着或由螺丝固定住。由于没有螺丝刀，加之房间狭小，已有的破坏工具难有施展的空间，在突发情况下想要尽快毁掉所有情报设备几乎是不可能的。

船只上的武器配备也不尽如人意。1967年底，"普韦布洛"号首航前夕，海军部下令安装两挺50口径机关枪。布赫坚决反对，理由是这样的轻型武器在与敌人对抗时发挥不了多大作用，反而会使船只平时在敌对国家沿海作业时更具挑衅性。但海军部拒绝收回成命。无奈之下，布赫坚持要将两挺机关枪安装在主甲板上，而"普韦布洛"号的其他军官则建议安装在船体上方左右弦位置。结果，前一种主张得到采纳。事实证明，一旦发生冲突，主甲板必然暴露在敌人火力之下，使用机关枪的船员将面临极高的生命危险。

在"普韦布洛"号接受改造期间，人员配备工作也在同时进行，但问题很快频繁暴露出来：船长布赫过去长期在潜艇上服役，对洋面船只了解不多，在电子侦察方面更是一无所知。或许正因如此，他对指挥"普韦布洛"号兴趣不大。普通船员分为一般勤务人员和通信技术人员两类。其中，约44%的一般勤务人员没有海上航行的经历，而隶属于海军安全小组的29位通信技术人员中更是只有两人曾执行过海上任务。担任朝鲜语翻译的是哈蒙德和基卡，二人曾在国防语言学院（Defense Language Institute）一起学习过九个月的朝鲜语。但1965年毕业后，他们就再也没有机会使用过这种语言。当海军部将哈蒙德和基卡分配给"普韦布洛"号时，二人明确表示可能无法出色地完成任务，除非对方语速很慢，否则他们根本听不懂。但海军部并未改变既有决定，理由是两人的服役记录表明他们具备朝鲜语听说能力。这样的安排最终使"普韦布洛"号的首航成为一次"聋子的旅行"。

此外,布赫与个别同僚之间的关系并不融洽。海军安全小组"普韦布洛"号小分队队长是哈里斯。该小分队归太平洋舰队司令和海军安全小组领导,是"普韦布洛"号上的"独立王国"。由此看来,无论是组织破坏小组、灭火队还是安排轮流站岗,布赫都要请求哈里斯支持。可是,布赫更习惯于发布命令而非寻求帮助,他与哈里斯之间的矛盾也由此不断加深。行政官墨菲认为布赫行事太随意,且只喜欢绝对服从他的下属,根本不像一名船长。很快布赫与墨菲之间便断绝了交流,布赫

图4　布赫、墨菲与海军安全小组
"普韦布洛"号小分队合影

有事只找事务官舒马赫商量。

9月11日,"普韦布洛"号离开布雷默顿,前往圣迭戈(San Diego)试航,途经旧金山短暂逗留。一路上,总的来说,船只航行状态良好,但最大的问题是颠簸,很多船员晕船。9月22日到达圣迭戈后,在太平洋训练司令部的指挥下,船员们开始接受为期六周的培训。11月6日,"普韦布洛"号启程前往夏威夷的珍珠港。其实,它的母港是日本横须贺美国舰队基地,但由于其续航能力不足,不得不在珍珠港中转。在八天的航程中,船上的一些设备坏掉了,特别是转向装置严重失灵,信号情报设备也故障频出。在没有零部件的情况下,布赫不得不决定到珍珠港后再维修。在珍珠港逗留四天后,维修工作基本完成,油料和给养也得到了补充。18日,船只驶往横须贺。在航行过程中,"普韦布洛"号遭遇强风暴,船体有时被掀起45到50度角。为避免被烫伤,加之很多船员因为晕船无法进食,厨房决定不再准备热餐。尤为严重的是,一些通信技术人员的座椅被掀翻,甚至无法靠近情报设备,更不要说正常工作了。最倒霉的船员是莱顿,风暴最猛烈的时候他正在专心发报。结果,书架上的韦伯字典掉落,恰好砸在他头上,将其打晕了。非但如此,"普韦布洛"号的转向装置依旧不听使唤,罗盘指向也不准确,发电机还着火了。12月1日,一路跌跌撞撞过后,"普韦布洛"号终于抵达横须贺。经过此次航行,布赫确信船只"还远未做好首次出海执行任务的准备",并向上级部门汇报了这一看法,但他的意见并未受到重视。接着,他又不厌其烦地要求改善船只性能,海军部则以时间有限和资金不足为由一一加以拒绝。

3.朝鲜实施抓捕行动

毫无疑问,"普韦布洛"号的船体改造和人员配备让布赫十分失望。可不管怎样,在此期间,作为船长的他还有机会向有关机构和决策者提出自己的意见和建议。然而在更为重要的首航行动计划制定及其风险评估方面,布赫和他的船员们却只能听从上级的安排,也正是这一过程将"普韦布洛"号与朝鲜联系在了一起,并在很大程度上注定了它的最终命运。

1953 年 7 月 27 日签订的《朝鲜停战协定》第
一条规定:"确定一军事分界线,双方各由此线后
退 2 公里,以便在敌对军队之间建立一非军事区
作为缓冲区,以防止发生可能导致敌对行为复发
的事件。"在 1953—1966 年间,非军事区偶尔也会
发生交火事件,但均未造成重大人员伤亡或引发
大规模冲突。

　　1966 年秋天,形势突变,朝鲜非军事区的交
火次数急剧增多。此后一年时间里朝鲜非军事区
始终冲突不断,这让美国人感到惊慌失措。驻韩
美军司令兼驻韩联合国军司令查尔斯·博恩斯蒂
尔三世(Charles H. Bonesteel Ⅲ)认定,朝鲜人正在
准备对韩国发起一场大规模颠覆战。美国国务院
情报研究局(Bureau of Intelligence and Research,
INR)的专家则分析指出,朝鲜不停挑衅的动机在
于希望为武力统一半岛创造更为有利的条件,并
借机迫使韩国不再向越南增兵,从而达到支援北
越的目的。

　　正是在这一背景下,1967 年 12 月 16 日,美国
驻日海军司令正式向太平洋舰队司令提出"普韦

布洛"号首航任务建议。建议指出,这次侦察应达到以下四个主要目的:查明朝鲜港口附近海军活动的性质及其规模,获取朝鲜东海岸电子信息样本,监视苏联海军在对马海峡的活动,评估"普韦布洛"号作为海军情报搜集船和战术监视舰的能力。驻日海军司令对此次行动的风险评估结果为"最低风险",原因是"'普韦布洛'号将全程在公海作业"。

风险评估标准共有七项。客观观察,就"普韦布洛"号行动而言,以往的任务、可能遇到的天气状况、船只能力、情报搜集范围、目标敏感程度,以及支持力量有效性,这六项标准均达不到"最低风险"的要求,只有在公海作业一项达标。而且,驻日海军司令部仅仅在"最低风险"和"并非最低风险"之间做出选择,即只设定了两种情况。而依照国防部的要求,应将风险分为四级,每一个级别用一种颜色代表:一级红色为几乎一定会遇到敌对行动;二级橙红色为可能会遇到敌对行动,但几乎一定会受到拦截;三级蓝色不会遇到敌对行动,可能受到拦截,几乎一定会遭遇敌方巡逻队;四级黄褐色绝不可能遇到敌对行动，不会受到拦截，可能遭遇敌方巡逻队。可以说，驻日海军司令部对"普韦布洛"号处女航的风险评估极其草率且不合规范。但更为严重的是，上级军事部门并未认真复核此项评估结果，而只是起到了"橡皮图章"的作用。

12月17日，太平洋舰队司令将"普韦布洛"号行动计划呈交印度洋—太平洋司令部，并建议对方认定该侦察活动为"最低风险"。印度洋—太平洋司令部用了三四天的时间进行了风险评估。22日，印度洋—太平洋司令部司令尤利塞斯·格兰特·夏普（Ulysses S. Grant Sharp）花了大约20分钟单独听取了"普韦布洛"号行动计划汇报，并以在公海作业为依据得出了与太平洋舰队司令部完全相同的风险评估结论。第二天，夏普建议参谋长联席会议批准此次侦察安排。

接下来，对"普韦布洛"号行动计划的风险评估转由参谋长联席会议联合侦察中心继续进行。中心人员分别来自各军种、国防情报局、国家安全局、国务院和国防部。此时正值圣诞节前后，参谋长联席会议主席厄尔·惠勒（Earle G. Wheeler）离开华盛顿外出度假，陆军参谋长哈罗德·基思·约翰逊（Harold Keith Johnson）正在东南亚访问，即将退休的海军陆战队司令华莱士·格林上将也因故不在工作岗位上。结果，参谋长联席会议并未召开正式会议便批准了"普韦布洛"号行动计划。

12月29日上午，参谋长联席会议负责作战行动的各位副参谋长开会，批准了1968年1月包括"普韦布洛"号侦察安排在内的809项情报活动计划。各位参谋长没经正式讨论便直接将总计划书呈递给国防部副部长保罗·亨利·尼采（Paul Henry Nitze）。同一天，白宫高级助理领导下的303委员会（成员包括中央情报局局长、副国务卿、国防部副部长、总统国家安全事务助理）审查了总计划书。其中，"普韦布洛"号行动引起了该委员会的特别注意。委员会成员认为，考虑到"旗帜"号在远东受到的严重骚扰及朝鲜的"挑衅"态度，此次行动是有风险的，"普韦布洛"号可能遭遇明显袭扰，但不会在公海被抓捕。但不管怎样，303委员会最终还是批准了"普韦布洛"号行动计划，并委托参谋长联席会议下达命令。

1968年1月3日，参谋长联席会议通知印度洋—太平洋司令部、太平洋舰队司令部和驻日海军司令部，"普韦布洛"号行动计划获批。随后，驻日海军司令部指示"普韦布洛"号按既定计划启航。

1969年4月25日，惠勒将军在美国众议院武装部队委员会"普韦布洛"号特别分委会作证时辩解称：在评估"普韦布洛"号行动计划风险系数的过程中，参谋长联席会议仔细考虑了"旗帜"号过去两年在同一区域的成功作业和"普韦布洛"号全程公海航行的实际安排。"普韦布洛"号被俘乃敌方"海盗行为"所致，事先根本无法预知。

事实真的是这样吗？实际上，20世纪60年代后半期曾有不同主体、以不同方式对"辅助通用环境考察船"计划的安全性提出过警告，但相关决策部门对此置若罔闻。

最明确的警示便是"自由"号的遭遇。1964年"自由"号被改装为"辅助通用技术考察船"。1967年6月2日，该船启程赴东地中海搜集情报。糟糕的是，三天后以色列对多个阿拉伯国家发动大规模突袭，第三次中东战争爆发。美国军方命令第六舰队（United States Sixth Fleet）不得进入距离黎巴嫩、叙利亚、以色列和阿拉伯联合共和国100英里（约87海里）海域内。但临时划归第六舰队管辖的"自由"号的作业范围却没有发生改变。接着，考虑到埃及指责美英支持以色列和苏联干预的可能性，参谋长联席会议命令"自由"号改变作业范围，距离阿拉伯联合共和国至少20海里，距离以色列至少15海里。然而"自由"号并没有接到该命令，因为陆军通信中心错误地将信息发给了海军太平洋通信站。一小时后，参谋长联席会议又决定将"自由"号撤到距离两个国家100海里以外。可是，由于海军部拒绝接受口头命令、其他紧急事务的耽搁和信息发送路径有误等原因，"自由"号直至遭到攻击后才接到参谋长联席会议的指示。

6月8日早晨，几架不明飞机对"自由"号进行侦察。当地时间下午2点左右，两架法式以色列战斗机突然进攻位于埃及沿海的"自由"号，船员八死一伤。"自由"号向第六舰队求救，但对方旗舰位于约450海里外，一时赶不过来。结果，半小时后三艘以色列鱼雷艇又向"自由"号发起攻击，26名船员因此遇难。"自由"号遇袭后16个小时第六舰队救援部队才到达事发海域。以色列很快承认是判断失误。

"自由"号事件表明,"辅助通用技术考察船"指挥系统中存在严重的通信不畅问题,缺乏自卫和保护措施也使这类船只在作业时面临一定危险。不过,上述缺陷并未引起美国军方的足够重视,否则也就不会再有后来的"辅助通用环境考察船"计划了。

图5 遭到以色列攻击后的"自由"号

客观地讲,并非所有美国官方人士和机构在"普韦布洛"号首航任务风险问题上都失去了警惕性。曾经在朝鲜沿海进行情报侦察的"旗帜"号船长克拉克十分担心"普韦布洛"号在该海域相关行动的安全性。同样,1967年初为"旗帜"号提供过空中保护措施的美国第五航空部队的麦基中将也认为朝鲜可能采取"挑衅行动",应针对未来的相关情报活动提供类似的掩护。更引人深思的是,负责监视拦截行动的美国驻日空军安全处朝鲜科科长把所有与"普韦布洛"号有关的文件放在一个文件夹中,并将其命名为"自杀性行动"。毫无疑问,在他看来,此次情报侦察活动风险极大。但所有这些看法都没有影响到美国决策层的判断。

可以说,自1968年1月初"普韦布洛"号正式接到行动计划获准通知那天起,它的首航命运便已不再掌握在美国人手中,而更多地取决于朝鲜对此次情报侦察活动作何反应。

1月5日,"普韦布洛"号驶离了横须贺美国舰队基地,三天后抵达佐世保美国舰队基地,稍作停留后,于11日早晨6点驶往作业地点。为了防止引起苏联舰艇的过多注意,"普韦布洛"号紧贴着九州岛西海岸向北航行,然后折向西北进入日本海。不幸的是,出航第一天就有一台发电机失灵了,而且根本无法修复。13日,"普韦布洛"号缓缓驶向朝鲜元山港作业区域。可是,强风暴很快迫使船长布赫下令撤离,以保证自身安全。即便如此,很多船员和军官还是病倒了。次日,风暴终于过去,初步进行电子情报侦察后,船只继续向北行进。但另一个问题又出现了:随着气温的逐渐下降,船体开始结冰,在夜间的甲板上有时会形成约5厘米厚的冰层,布赫只得命令船员们轮流除冰。16日,"普韦布洛"号到达作业海域的最北端——符拉迪沃斯托克南侧,或者说——苏朝边界处。

图6 佐世保美国舰队基地示意图

随后,船只先向西再向南航行,来到朝鲜的清津港(Chongjin),当天晚上和第二天一整天始终未离开该海域。1月18日,"普韦布洛"号行进至金策港（Kimchaeck），接着又在兴南港（Hungnam）短暂停留。兴南港是"普韦布洛"号最感兴趣的海域之一，因为有消息称朝鲜在附近部署了一些苏联淘汰的潜艇。但令布赫感到失望的是，在这里他并未发现任何有关迹象。在兴南港侦察期间，曾有两艘朝鲜商船从附近驶过。布赫并未惊慌。在他看来，即便对方发现了"普韦布洛"号，也不可能识别出它的真实"身份"。

21日，"普韦布洛"号再次遭遇朝鲜船只，这次是一艘SO-1型猎潜艇，距离只有1000码（约合914米）。不过，由于朝鲜猎潜艇并未减速或改变航向，布赫认为对方并未发现自己，至少没有觉察到"普韦布洛"号是一艘电子情报搜集船。于是，船只继续按原计划行事，当天午夜第二次"光临"元山港。总的来说，21日以前"普韦布洛"号的整个行程单调乏味且收获不大。

22日中午12点25分，正在元山港附近作业的"普韦布洛"号在距离自己大约10000码处发现了两艘朝鲜拖网类船只。两船很快行驶到1500码范围内，其中一艘改变航向，逐渐靠近"普韦布洛"号，最近距离为100码左右，显然是在进行侦察。随后,两艘船在约9000码处会合,应该是在讨论侦察结果。"普韦布洛"号能够捕捉到对方的通信信息,但可惜的是,两位翻译——哈蒙德和基卡此时根本听不懂朝鲜人的对话。又过了一会儿,两船再次靠近,双方距离不超过25码。对"普韦布洛"号绕行若干圈后,朝鲜船只突然离开,径直驶往元山港。在此期间,"普韦布洛"号一直用国际旗语告诉对方自己是水文考察船。

这一次,布赫确信朝鲜船只发现了"普韦布洛"号并会向朝方上级部门做出汇报。无奈之下,他首次决定打破无线电静默,命令通信技术人员立即联系上濑谷通信站,告诉驻日海军司令自己已被朝鲜人发现。然而由于天气影响和其他船只通信系统干扰等原因,直到第二天上午9点左右,在先后换了13种频率后,"普韦布洛"号才与海军通信站取得联系。布赫向驻日海军司令部详细报告了朝鲜船只的特征、反应及自己的作业情况,同时指出朝鲜已不再监视"普韦布洛"号,船只将再次回到无线电静默状态。实际上,此时的船员们并未慌乱,原因是"普韦布洛"号处于公海,且朝鲜方面也没有采取敌对行动。因此,布赫打算继续留在元山港搜集情报。

23日一早，"普韦布洛"号再次来到元山港。整个上午，并没有发生什么特别的事情。唯一的变化就是元山港的通信量明显增加，这不能不让人联想到头一天"普韦布洛"号与朝鲜船只的遭遇。然而两位翻译只有借助字典才能够读懂朝鲜文，破译的进度十分缓慢，一时间也无法确切知道朝鲜方面的动向。中午时分，"普韦布洛"号发现南方8英里（约13公里）处有一艘船只朝自己驶来。当对方逐渐靠近时，布赫得知这又是一艘朝鲜SO-1型猎潜艇。紧接着，猎潜艇在距离"普韦布洛"号约500码处进行顺时针环行，并用国际旗语询问"普韦布洛"号的国籍。布赫未予理睬。双方僵持了15分钟后，又有三艘朝鲜船只高速驶来，全部都是苏制P-4型鱼雷艇。"普韦布洛"号船员们依旧保持平静，认为这只是惯常的"骚扰"。此时，朝鲜猎潜艇突然用国际旗语威胁说："停船，否则我就开火了。""普韦布洛"号回答："我船处于公海，意欲在此海域逗留到明天。"当对方继续靠近时，布赫向海军部汇报了相关情况及其准备继续在元山港附近作业的打算。没过多久，两架苏制米格战斗机飞临事发海域,且又有一艘猎潜艇和一艘鱼雷艇从元山港赶来。朝方用国际旗语命令道:"跟我来,我带着领航员。"眼看着对方做好了登船准备,"普韦布洛"号一边以13节的速度逃离,一边向上濑谷通信站发出求救信号。但朝鲜船只迅速赶了上来,并随即开火。"普韦布洛"号基本上属于铝质船舶,面对朝鲜猛烈的火力,它所能够做的就只有等待美军救援和进行紧急破坏了。

遭到攻击后,布赫在寄希望于得到援助的同时迅速下令进行紧急破坏。还记得前文我们已经介绍过的情况吗?船上的紧急破坏装备十分有限,文件和设备破坏的进度十分缓慢。按照海军部的规定,在浅水区(事发海域水深约35海里,抛弃机密文件有可能被打捞上来)不得使用专门用

图7 "普韦布洛"号船员投降

于破坏机密文件的重力袋,而焚化炉又太小,根本无法在短时间内烧毁大批纸质材料。于是,部分船员冒着猛烈的炮火利用烟头和金属垃圾桶焚烧文件,有人甚至徒手一点点将必须销毁的材料撕成碎片。很快,过道里充满了呛人的浓烟,甲板也被烧着了。另外一些船员则利用锤子和消防斧试图毁掉情报设备,但这些设备不是被坚固的金属壳包裹着就是被螺丝固定住,加之空间有限等制约,一时间根本无法彻底破坏。此外,船员们在紧急破坏方面也没有受过正式训练,对紧急破坏的先后顺序和处理规则更是知之不多。"普韦布洛"号被俘时,90%的纸质文件完好无损,至少5台国家安全局的密码设备和无线电截听器未遭到破坏。考虑到船员们面临的实际情况,这样的结果并不让人感到意外。

面对朝方猛烈的炮火,为了尽量减少伤亡人数,布赫决定投降。很快,"普韦布洛"号以5节的速度跟随对方的猎潜艇驶往朝鲜,很多船员盼望着救兵早些到来。下午1点45分,布赫向上濑谷通信站报告——"普韦布洛"号正在被押送至元山港,并询问是否能够得到救援,得到的答复是"已

图8 被俘后,"普韦布洛"号船员第一次聚在一起

告知各部门"。与此同时,船员们还在加紧进行紧急破坏。为了争取时间,布赫命令停止前进,佯装发生机械故障。朝方再次开火。布赫只得下令开船。但这时朝鲜猎潜艇却用国际旗语告知"普韦布洛"号停下来。很快,朝鲜士兵登船,直接控制了"普韦布洛"号,紧急破坏工作不得不到此结束。2点33分,"普韦布洛"号最后一次发出信息,报告有四名船员受伤,其中一人伤势严重(后去世)。6点半左右,"普韦布洛"号驶入元山港。

二、艰苦的谈判

"普韦布洛"号被俘之后,美国和朝鲜在板门店(Panmunjom)举行了长达十个多月的秘密会谈。这可能是冷战时期美国与社会主义国家之间就人质危机进行的最长时间的双边谈判。

1. 美国的误判与克制

得知"普韦布洛"号被俘的消息后,美国政要们首先以各种方式、在各种场合讨论了朝鲜的意图,以及苏联在此次危机中扮演的角色和起到的作用。他们几乎一致认为,朝鲜抓捕"普韦布洛"号的行动蓄谋已久,主要是为了分散美国的军事力量,阻止韩国继续向越南增兵,进而达到支援北越的目的。在此过程中,苏联是知情者,甚至还可能是主谋。

图9 1968年1月23日,主题为"普韦布洛"号危机的美国总统星期二午餐会

事实证明,约翰逊政府做出了错误的判断。"普韦布洛"号危机发生后,河内与平壤的关系非但没有进一步加强,反而变得更加冷淡甚至走向恶化。一直到1968年1月29日,越南才发表官方声明,表示在"普韦布洛"号事件中全力支持朝鲜,愿与朝鲜"并肩战斗"。而私下里,越南政府官员对来访的匈牙利人抱怨说,"普韦布洛"号事件对越南局势产生了负面影响,"我们不知道朝鲜同志目的何在"。越南民主共和国驻平壤大使与南方民族解放阵线驻平壤代表也纷纷向罗马

尼亚驻朝鲜大使馆人员表达对朝鲜的不满,原因是朝鲜总是不断地将朝鲜半岛的局势与南越的局势作比较,从而否定了越南革命的独特性,并希望借助朝鲜半岛紧张事态吸引国际社会的注意力。或许正因为如此,朝鲜建军节庆祝活动期间,越南民主共和国大使称病不出,南方民族解放阵线代表也提前离开平壤。这一切表明,朝鲜在抓捕"普韦布洛"号之前并未与越南民主共和国进行沟通。在后者看来,朝鲜这样做,绝不是为了支援自己,而是为了同越南民主共和国争夺国际社会的关注,从而为朝鲜半岛的统一制造声势和创造条件。

同样,苏联这位"老大哥"对朝鲜"小兄弟"的抓捕行动事先也并不知情。了解了相关情况后,苏方向朝方明确表达了不同意见:按照国际惯例,朝鲜抓捕"普韦布洛"号及其船员比"普韦布洛"号违反国际法更为严重。在苏联看来,此举不但没有削弱所谓的"南方傀儡政权",反而使韩国朴正熙政府对朝进一步采取压制手段,并从美国那里获得更多的军事援助,实际上损害了朝鲜自身的利益。为了保卫领土主权,朝鲜已采取坚决的应对措施,在政治上取得了胜利。在巩固既有成果的同时,朝鲜应通过释放"普韦布洛"号船员表达和平愿望。这样做非但不会被国际社会视为软弱无能,反倒能提高朝鲜的国际地位。

再看美国媒体、公众和国会对此次危机的反应。1968年1月23日上午,美国政府发布新闻稿,宣布"普韦布洛"号及其船员被朝鲜方面抓获。消息传开后,美国舆论大哗,群情激愤。美国广播公司(American Broadcasting Company, ABC)新闻节目主持人惊呼:"这是一百年来美国船只首次在公海被俘。"《布法罗新闻报》(The Buffalo News)坚决要求政府"直言不讳地要求(朝鲜)立即将'普韦布洛'号及其船员完璧归赵。"《纽约每日新闻》(New York Daily News)的专栏作家声称,此次事件是1962年古巴导弹危机以来"对美国荣誉和声望的(最大)考验"。《林奇堡新闻》(Lynchburg News)慨叹道:"曾经领导美国的是一群充满勇气、诚实可信的人,如今执政的却是一帮绥靖者、骗子和懦夫,追求荣誉和真理的美德被他们弃若敝屣。"《密尔沃基哨兵报》(Milwaukee Journal Sentinel)甚至讽刺性地建议将美国国徽上的雄鹰换成小鸡。

普通公众也纷纷向白宫发去电报，请求政府立即采取行动索要或营救"普韦布洛"号及其船员，建议采取的手段五花八门，包括经济制裁、抓捕朝鲜船只、攻打平壤和使用原子弹等。一位佐治亚人命令总统"抬起您那慵懒的屁股，要回船只和船员"。另一位佛罗里达人则示意总统"要求对方放人"并"采取报复行动"，否则就辞职。还有一位纽约人，在给《纽约时报》的信中坚称"传统的以暴制暴的方式是处理'普韦布洛'号事件的唯一办法"。

部分国会议员同样非常激动。有的要求"向事发地区派一支舰队，将我们的大炮对准岸上，发出还船放人的最后通牒"。有的建议，应明确告诉朝鲜人：如果在某一特定时间内不归还"普韦布洛"号，美国则将以武力夺回船只。有的甚至认为，应击沉朝鲜战舰、扣押朝鲜商船、抓捕同等数量的朝鲜海员。

虽然很多美国人情绪激动，但时任美国总统林登·约翰逊（Lyndon Baines Johnson）并不希望在深陷越战的同时在朝鲜开辟"第二战场"。1月26日，约翰逊就此事件向全国发表演说，告知公众，美国对"普韦布洛"号危机的反应是：一方面，将此事提交联合国安理会讨论，继续利用一切可行的手段寻求立即和平地解决这一问题。最好的结果就是由联合国安理会说服朝鲜还船放人，并停止对韩国的"侵略"。另一方面，采取预防性措施，向事发海域派遣大量海军、空军，确保美军能够应付朝鲜地区可能出现的意外情况，但并未因此削减在越南的军事力量。换句话说，美国希望以武力威慑迫使朝鲜归还船只和船员，即外交努力为主，炫耀武力为辅。

危机发生后不久，约翰逊总统便决定向日本海派出一支特遣部队〔包括"企业"号（Enterprise）、"突击者"号（Ranger）和"约克城"号（Yorktown）三艘航空母舰，以及十八艘驱逐舰〕，命令"旗帜"号前往事发地，并在该海域部署了两艘高速核潜艇。与此同时，美国迅速向朝鲜地区增派了大量飞机。1月26日，美韩两国在朝鲜地区的飞机共214架，其中187架处于待命状态。及至2月7日，美韩飞机总数上升到395架，其中308架处于待命状态。

另外，1月25日约翰逊总统还命令动员了

14787名空军国民警卫队、空军预备役及海军预备役，自古巴导弹危机以来美国还是第一次这样做。但有趣的是，华盛顿并没有为预备役部队配备武器，也没有立即将他们派往海外，甚至没有赋予这些新增力量即时反应能力。或者说，此举更多的是一种示威而非战争行为。

实际上，美国军队的调动和动员可能更多是在向苏联施压，让对方感觉到战争的气氛，继而出面迫使朝鲜还船放人。1月23日，美国国务卿迪安·腊斯克（Dean Rusk）第一时间便命令驻莫斯科大使立即约见苏联外交部部长安德烈·葛罗米柯（Andrei Gromyko）或可以联系到的其他苏联领导人，要求苏联从中调停。经过一番努力，当天傍晚，时任美国驻苏联大使汤普森终于见到了苏联外交部副部长瓦西里·库兹涅佐夫（Vasily V. Kuznetsov），告知对方"普韦布洛"号事件的原委，并以华盛顿与平壤没有外交关系为由敦促苏联帮助美国促使朝鲜归还船只和船员。库兹涅佐夫表示，苏联并不知道究竟发生了什么，没有理由介入其中。库兹涅佐夫没有同上级部门商量便做出了反应，这让美国高层更加确信苏联是知情者。

两人会谈的消息很快被媒体披露出来。两天后,库兹涅佐夫召见汤普森,向美方传达了克里姆林宫的不满:苏联政府已告知朝鲜政府华盛顿就"普韦布洛"号事件同莫斯科进行了交流;苏联政府无意在此事中充当调停者,但并不想公开宣布该立场,希望美国也不要这样做;媒体对上次两人会谈的报道令苏联感到失望。也就是说,莫斯科希望低调地"助人为乐",不愿意过分张扬。汤普森赶紧解释说,媒体报道仅涉及两国会谈,并未提及时间和地点,且他本人没有向媒体透露任何消息。

　　值得玩味的是,苏联生怕在直接交流的过程中美国不能很好地理解自己想要表达的意思(事实也确实如此),不断通过各种渠道明示或暗示美国人,莫斯科反对平壤抓捕"普韦布洛"号的行为,并积极促使朝鲜归还船只并释放船员,但朝鲜并不服从苏联的命令。

　　1月24日,苏联驻平壤使馆二秘戈洛索夫(S. Golosov)向能够在东西方之间"传话"的罗马尼亚外交人员抱怨说,苏联外交人员因朝鲜擅自抓捕"普韦布洛"号而忧心忡忡。如果平壤为促进"国家统一"而继续采取此类行动,苏联可能被迫卷入一场全面战争之中。"朝鲜人知道苏联不赞成仓促武力统一的打算和倾向,因此我们担心他们根本就不和我们协商。""我们尝试着弱化这一好战态度,(但)许多情况下我们的立场根本不在他们的考虑范围内。"换句话说,苏联希望罗马尼亚告诉美国,莫斯科反对平壤武力统一,不希望朝鲜半岛再次爆发战争。但让苏联感到无可奈何的是,朝鲜经常擅自行事,根本不听自己的话。

两天后,汤普森报告了一个重要消息,苏联外交部的津丘克邀请美国参议员蒙代尔共进午餐,两人在私人谈话过程中讨论了"普韦布洛"号事件。津丘克表示,苏联事先并不了解此事,更没有鼓动朝鲜采取抓捕行动,对"普韦布洛"号被俘表示遗憾。可以说,这些都是莫斯科无法在美苏高层沟通中明确表达的"心里话"。

更有趣的是,1月30日一位苏联官员在由蒙特利尔赶往纽约的途中将一个信封"遗忘"在了加拿大航空公司的办公桌上,里面装有一些俄文文件以及被认为是"普韦布洛"号船长手写"认罪书"的影印件。不过,海关人员还没来得及仔细查看，他已将这些材料认领回去。或许此事纯属这位苏联官员的疏忽大意，但更有可能的是这是莫斯科在婉转地告诉华盛顿它已介入此事。如果真是这样，苏联为了向美国准确地传递信息，可谓煞费苦心。

2."先放人，后调查"建议

1月27日，正当美国面对"普韦布洛"号危机一筹莫展的时候，事情出现了转机。美国驻韩使馆发来电报，汇报了中立国监察委员会（Neutral Nations Supervisory Commission）①成员——瑞士传来的消息。原来，中立国监察委员会共产党国家成员刚刚会见了军事停战委员会②朝方高级代表朴正国，后者请求他们向军事停战委员会联合国军和美国高级代表传递如下官方和非官方信息。

---

① 根据《朝鲜停战协定》的规定，中朝和联合国军司令部分别提名波兰、捷克斯洛伐克和瑞士、瑞典组成中立国监察委员会，主要职责是通过"监督、观察、视察与调查"确保停战双方遵守协定，特别是不得增派军队或引入加强军事力量的装备。
② 根据《朝鲜停战协定》成立，任务是监督停战协定的实施和协商处理任何违反停战协定的事件。

官方信息："北朝鲜政府认为，通过威胁或动用武力无法解决船只和船员问题。如果美国试图以武力夺回船只，朝鲜人民军将以牙还牙。这样做是在冒险，不但不能让船员获释，反倒只能等着给这些人收尸。美国只有承认船员是战犯，表示希望按照通常索要俘虏的方式进行协商或讨论，才有可能使问题获得解决。"

非官方信息："目前，船长已承认他的罪行……船员们的状况非常好。虽然他们在我国沿海进行敌对和犯罪活动，但伤者依旧得到了正规的治疗，那名死者的尸体也保存完好。船员们更为详细的情况可以通过双方直接沟通获取。"

华盛顿对该消息做出了极为乐观的估计。美国国务院的解释是，朝鲜的这一举动表明平壤已经意识到了问题的严重性，几乎可以肯定苏联已经告诉朝鲜应缓和局势。要想真正实现和

图10　布赫首次签署"认罪书"

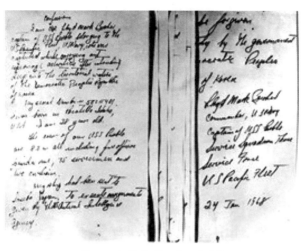

图 11　船长布赫的"认罪书"

解,最容易的办法就是马上放人甚至还船。预计在第一轮会谈中朝鲜就会放人,但美国应尽量一并要回"普韦布洛"号。如果朝鲜人要求致歉,美国代表应明确指出现有信息并未表明"普韦布洛"号侵犯了朝鲜领海,因此不能表示歉意。一旦船员获释,从他们口中了解到船只确曾进入朝鲜领海,美国会公布相关情况。

与此同时,美国国务院立即命令驻韩使馆作出答复:已收到朴正国通过中立国监察委员会发来的信息。"我们会继续利用一切可行的手段,争取立即使问题得以和平解决。"除两名平民科学家外，"普韦布洛"号其他船员均为美国海军军人。朝鲜违反《1949年日内瓦公约》，以武力抓捕了船员。美国要求朝鲜提供伤亡者名单，并希望立即举行双方军事停战委员会高级成员会议，讨论危机解决方案，秘密或公开会谈均可。

但令美国感到意外的是，朴正国否认曾通过中立国监察委员会渠道向美国传递消息，拒绝接受有关朝鲜"发起此次交流"的表述。不过，朝鲜方面最终答复说，同意由双方在军事停战委员会中的高级成员（各带一位官方翻译和一位联络官）举行秘密会谈，地点在板门店共同警备区中立国监察委员会会议室。相应地，美方高级成员史密斯建议2月1日举行会谈。作为回应，朴正国提议推迟到朝鲜时间2月2日11时。美国表示同意。

2月2日至7日，美朝双方共召开了四次会议，各自阐明了对此次事件本身的认识。美方代表史密斯承认"普韦布洛"号确实是在从事情报搜集活动，但辩称这是全世界都接受的惯常行为，苏联就经常这样做。"普韦布洛"号并不是朝鲜认定的"武装间谍船"。海军部仅仅为"普韦布洛"号配备了两挺机关枪，且在被俘过程中美方并未还击。不仅如此，隶属于美国太平洋舰队的"普韦布洛"号并未进入朝鲜领海，船员们也没有从事犯罪活动。退一步讲，即便美舰侵犯了朝鲜领海，正确的做法是护送它重返公海，美苏之间就是这样处理相关问题的。因此，无论从任何一个角度讲，朝鲜都应立即释放船员，并尽快归还船只。朝方代表朴正国则指出，美国明目张胆地违反停战协定，派"普韦布洛"号侵犯朝鲜领海。船员是侵略者，是罪犯，他们的"认罪书"及朝鲜人手中掌握的其他证据已证明了这一点。

2月10日到3月9日，美国和朝鲜举行了第五次至第十一次会议，主要讨论"先放人，后调查"方案。

早在2月初，美国国务院就已开始考虑解决"普韦布洛"号危机的方案了。这一方案可以被概括为"先放人，后调查"。具体做法是，美国发表一份声明，表示如果朝鲜愿意还船放人，华盛顿将对事件的来龙去脉展开调查或接受对事件的法律裁定。可供选择的操作方式如下：组建一个三方调查委员会，美国和朝鲜各指定一位成员，第三位成员由双方共同指定(若两国无法达成一致意见,则由国际法院院长指定);由联合国安理会依据《联合国宪章》第三十四条组织实施调查;请联合国安理会要求国际法院予以裁决。假使调查或裁定证明"普韦布洛"号确曾驶入朝鲜领海,美国将做出适当赔偿。相反,朝鲜将做出适当赔偿。当然,美国人心里十分清楚,该解决方案对朝鲜来说几乎等于无条件放人,对方很难接受。但提出以上建议显示了美国的自信,可以迫使朝鲜亮出底牌。也就是说,这是美国在谈判中提出的最高要价,朝鲜拒不接受并不会让华盛顿感到十分意外。

在第五次会议上,史密斯提出了由美国政府作为调查方的"先放人,后调查"建议。作为回应,在第六次到第八次会议上,朴正国一改前几次会议上彬彬有礼的态度,而是从事实和法理两方面声色俱厉地批评了美国的说法:朝鲜手中掌握的船员声明、日志和航海图等证据均证明"普韦布洛"号多次侵入"自古便属于我国水域的朝鲜东部湾";被朝鲜巡逻队发现后,"普韦布洛"号在开火的同时企图逃逸,朝鲜舰只被迫自卫还击;《1958年日内瓦公约》有关误入他国领海的规定不适用于武装间谍船，且美国承认"一国领土（海）神圣不可侵犯"的原则，因此朝鲜对"普韦布洛"号的抓捕是正当的；"只有你方为美国政府派'普韦布洛'号间谍船侵犯朝鲜民主主义人民共和国领海、从事间谍活动、采取敌对行动致歉并保证永不再犯，我方才能考虑释放船员的问题"；以往不存在归还间谍设备的先例，还船的事情没有商量余地，美方最好不要再提此事。

第八次会议后，确信朝鲜坚决要求美国"正式致歉"，这下华盛顿真的着急了。无奈之下，2月22日美国国务院又一次想起了苏联，决定向莫斯科提供第八次会议记录，通报美国对第九次会议的打算，敦促苏联要求朝鲜释放船员。

凑巧的是，23日苏联驻美大使多勃雷宁（Anatoly Dobrynin）拜访了美国副国务卿帮办波伦。借此机会，波伦向对方表达了美国对板门店会谈进展不大和朝鲜局势总体呈现危险态势的忧虑：朝鲜人坚持要求美方依据无法证实的证据致歉。美国愿意接受中立调查机构的判断。若调查结果证实"普韦布洛"号确曾侵犯朝鲜领海，那么美国将致歉。如果苏联能够利用其影响力促使朝鲜还船放人，那将有助于缓和紧张局势。多勃雷宁似乎对美国几乎无法满足朝鲜的致歉要求表示认同，并告知波伦苏联正在尽一切努力使局势得以缓和。

2月26日，美国驻苏大使汤普森会见了苏联外长葛罗米柯。葛罗米柯承认已收到多勃雷宁呈送的板门店会谈记录，并要求汤普森总结一下上次会议的内容。汤普森告诉葛罗米柯，朝鲜要求美国在还船放人之前致歉，并拒不接受美国提出的自行调查方案。鉴于此，华盛顿将很快提出完全由外部机构实施调查的新建议。葛罗米柯告诉汤普森，苏联非常希望问题获得解决，越早越好。或许美国还没有进行充分的尝试，美国的立场完全基于非法扣押这一观念，苏联并不这么看。汤普森强调指出，还原事实十分必要，故美国才提出公正调查的建议。但除此之外，再没有什么别的可做的了。

与板门店谈判僵持不下并行的是平壤进行的广泛战争宣传。金日成政府公开表示，美国人和朴正熙的挑衅使战争变得不可避免，当前朝鲜的局势异常紧张，随时都可能爆发战争。正因如此，朝鲜做了下列准备:进行军事调动和防空演习;修复和新建了大量防空洞,修筑战壕和掩体;要求平壤居民进入最高戒备状态,并尽快向农村撤离,以至于很多朝鲜百姓感到战争已迫在眉睫;学生停课;将中央各机构档案馆、国家图书馆、部分研究机构和大部分工业机器等撤离平壤;普遍采取伪装措施;劝说所有驻平壤外交使团尽快事先挖好防空洞。不仅如此,朝鲜外交官还向苏联外交官指出,苏联并没有对美帝国主义的本质做出正确估量,美国在朝鲜半岛南部集结了大批军队。苏联必须在朝鲜问题上表现得更为强硬,进行军事动员并宣布进入战备状态。

朝鲜的上述主张与做法令莫斯科大为不悦。在苏联看来,朝鲜对时局做出了完全错误的判断。虽然美国深陷越战无法自拔,但依旧能够阻止朝鲜袭击韩国。此外,作为韩国最大社会群体的农民依旧忠诚于朴正熙政府。为了逐步推动"半岛南方的进步运动",应缓慢谨慎地在当地开展活动,而非坚持在没有牢固基础的情况下发动武装斗争,执行不折不扣的冒险主义。诸如抓捕"普韦布洛"号这样的行动,不但没有削弱朴正熙政权的统治,反倒让韩国政府以此为借口采取压制措施,并推动华盛顿增拨了1亿美元的军事援助。

基于以上看法,莫斯科试图在板门店谈判立场方面向平壤施加影响,至少也要让对方清楚地意识到苏联绝不支持朝鲜发动对韩国的进攻或继续采取冒险行动。

1968年,恰逢苏联建军五十周年,克里姆林宫借机邀请金日成前往莫斯科参加庆祝活动,并就朝鲜局势交换看法。金日成答复说,考虑到形势的发展,目前他必须留在朝鲜,同意由朝鲜劳动党中央政治局委员、副首相兼国防部长金昌凤代他访问苏联。

2月26日,也就是汤普森约见葛罗米柯的当天,勃列日涅夫接见了金昌凤一行。会谈中,这位苏联领导人试探性地指出,莫斯科依旧认为朝鲜会坚持走和平统一的道路,原因是苏联并没有得到相反的信息。目前,苏联完全理解朝鲜民主主义人民共和国巩固国防的愿望并积极地予以支持,但莫斯科反对让局势失控而引发一场战争。苏联不明白为什么平壤要进行大规模撤离行动,也没有从朝鲜朋友口中了解到朝鲜与美国会谈的情况及其具体目标。苏联了解的只是金日成在信函中要求莫斯科依照《苏朝友好合作互助条约》保护平壤。对此，勃列日涅夫解释说："我们之间确实签有条约，也都了解其实质意义。我们想要强调的是该条约具有防御性，意在保卫爱好和平的朝鲜的安全。因为金日成同志并未具体说明当前局势的状况和细节，我们认为应与他就该问题展开认真的协商，这一点非常重要。在当前情况下，很难采取军事行动，因为全世界都在反对战争。此事无法通过短函的形式讨论，更不要说采取何种军事行动的议题了。这是一个非常严肃的问题，需要认真协商。"最后苏联表示，倘若平壤不理会莫斯科的意见，苏联也不会对朝鲜的求助做出积极回应。至于"普韦布洛"号危机，苏联认为应尽快通过政治手段予以解决，否则朝鲜民主主义人民共和国将会丧失事件初期已然取得的政治成果。

此次会谈后，朝鲜私下承诺并在事实上减少了可能引起恐慌的国内备战行动。但在板门店谈判立场上，金日成并未作出任何退让。

在第九次到第十一次会议上，史密斯提出了

新版的"先放人，后调查"建议：同意委托中立的国际调查机构展开调查，比如由国际法院院长确定参与调查的人员构成。一旦结果证明"普韦布洛"号违反命令侵犯朝鲜领海，美国则对此表示遗憾；在朝鲜继续扣留船员的情况下，调查无法开展。平壤理应立即将船员交给美国。假使朝鲜不愿如此，也可以把船员先交给中立国暂时看管。朴正国拒绝接受该方案，认为这是对朝鲜主权的侮辱。美国只有"依据认罪书正式致歉并做出保证"，朝鲜才会考虑释放船员。相反，如果美国继续坚持当前的立场，朝鲜将断定美国不关心其船员的命运，因此"不得不考虑采取其他措施"。所谓"其他措施"很明显是指审判船员。

与此同时，朝鲜广播电台用英语播放了"普韦布洛"号全体船员致约翰逊总统信函的内容：承认数次侵犯朝鲜领海，请求朝鲜民主主义人民共和国宽大处理；要求美国政府承认侵犯朝鲜领海从事敌对活动，并为此致以诚挚歉意并保证永不再犯；希望总统尽快想办法让船员回国与家人团聚。

至此，板门店秘密谈判显然已陷入僵局。

3.从"有条件致歉"到"另签"策略

1968年3月21日到7月10日,美朝进行了第十二次至第十九次会议,美国提出了"有条件致歉"方案,朝鲜依旧坚决要求无条件致歉,双方争执不下。

3月14日,美国国务卿腊斯克在致约翰逊总统的备忘录中正式提出了"有条件致歉"方案。他认为,朝鲜已明确提出了放人的三项条件,即美国承认侵犯朝鲜领海并从事敌对活动、正式致歉、保证永不再犯。但根据美国掌握的资料,朝鲜提供的部分文件是伪造的,因此华盛顿坚决不能承认未做之事。目前,最佳选择是想办法把谈判无法取得进展的责任推给朝鲜。为此,应承认"普韦布洛"号从事情报搜集活动,保证继续命令美国军舰只在距离朝鲜海岸12海里以外航行,并对"普韦布洛"号可能违反命令侵犯朝鲜领海表示遗憾。约翰逊很快批准了该建议。

3月21日,第十二次会议召开。史密斯提出如下建议:一是承认"普韦布洛"号被朝鲜人抓获时正在从事情报搜集活动；二是保证继续命令美国海军军舰只在距离朝鲜海岸12海里以外航行；三是为"普韦布洛"号可能违反命令进入距离朝鲜海岸12海里范围内表示歉意。显然，美方的新建议引起了朴正国的兴趣。研究了近二十分钟后，朴正国表示，根据史密斯的发言，他认为美国愿意在朝鲜建议的基础上讨论具体解决方案。

第二天，美国国务院向驻韩使馆发出了第十三次会议的指示。其中，特别引人注目的是，美国国务院向史密斯做出如下授权：原来美国打算表示遗憾时的具体表达方式为"express regret for any violation of orders by Pueblo which may have resulted in the ship's approaching closer than 12 nautical miles to North Korea"。如果去掉"may have"朝鲜就会放人，史密斯可以这样做。虽说该措辞变化并没有完全改变"有条件致歉"的性质，但从中依旧可以看到国务院急于索要船员的心情。

美国驻韩使馆在复电中悲观地指出，虽然在美方看来该方案似乎是在不全盘否定自己此前立场的前提下做出的最大让步，但它几乎不可能满足朝鲜的要求。同时，为了尽可能照顾韩国的感受,使馆建议国务院在表述上做出以下调整:删除"在你方(北朝鲜)早些时候提议的基础上讨论通过哪些具体、可行的手段解决摆在我们面前的问题"字样;不能说"根据你方提议的框架";去掉"接收船员单据"文本(以下简称"接单")中关于"领海"("the territory of")的表述。最终,美国国务院接受了后两点建议。

3月28日,美朝举行第十三次会议。朴正国表示拒绝接受"有条件致歉"方案,具体看法如下:朝鲜紧张局势源于"普韦布洛"号的入侵及随后的军事调动,责任应完全由美国承担,而非美国所说的该由朝鲜负责;美国理所应当地认为自己可以侵犯另一个国家的主权,这是一种典型的"恃强凌弱的逻辑";华盛顿一再粗鲁无礼地使用"北朝鲜"一词,世界上并无这样一个国家,会议人员中也没有"北朝鲜代表";史密斯在上次会议上提出的三点建议存在含糊不清之处。"普韦布洛"号不仅仅像美国承认的那样执行情报搜集任务,它被俘于朝鲜领海时正在从事间谍活动,美国"必须完全正视这一点"。同样,美国准备为"普韦布洛"号可能违反命令进入距离朝鲜海岸12海里范围内而表示歉意的表述,也"只不过是利用模糊不明的表达方式而进行的文字游戏"。

从第十四次会议到第十九次会议,美朝双方在"有条件致歉"问题上争执不下,谈判再次走入死胡同。其中,在5月8日召开的第十六次会议上,朴正国向伍德沃德①提交了一份要求对方正式签署的文件(下文简称"5月8日文件"),主要内容包括:承认船员认罪书和被缴获文件的有效性;承认"普韦布洛"号确曾侵入朝鲜水域;承认从事间谍活动;为上述行为承担全部责任,并郑重致歉;坚决保证未来不会再发生此类入侵事件;请求朝鲜民主主义人民共和国对船员宽大处理。"5月8日文件"的出现让美国有了实施"另签"策略②的机会。

事实上,早在2月约翰逊总统便已授权美国板门店谈判代表采用"另签"策略,即仅仅签署一

---

① 从第十六次会议开始,新任军事停战委员会联合国军司令部和美国高级成员伍德沃德替代史密斯代表美国出席板门店秘密会谈。

② "另签"的英文为"overwrite",原意是"把……写在其他文章上面",此处指"将文件A附于文件B上,然后在文件A上签字,表面上给人的感觉是签署文件B,实际上意在签署文件A",本书意译为"另签"。

份宣布接收到82位船员和第83位船员尸体的声明,通过让朝鲜误以为美方同时签署了下面的致歉文件而诱使平壤放人,或干脆告知朝方美国希望借助"另签"策略要人。此后很长一段时间,由于朝鲜并未提供致歉文件样本,该策略始终无法得到应用。"5月8日文件"出现后,美国决策者们开始认真讨论采用"另签"策略的问题。

5月18日,美国副国务卿卡岑巴赫在致约翰逊总统的备忘录中建议:可以考虑寻找一位与朝鲜联系紧密的中间人(例如在东京就有这样一位澳大利亚人),向他详细介绍美国的"另签"策略,委托他私下告知朝鲜,在其同时释放全体船员的

图12 1968年5月6日,卡岑巴赫在白宫

前提下华盛顿准备借助"另签"手段接受平壤提供的致歉文件。倘若朝鲜表示同意,他们自然会宣布美国签署了致歉文件,美国则辩称伍德沃德只是签署了他手写的承认接收到船员的文字部分。船员获释后,美国将立即公布"普韦布洛"号被俘以及美朝谈判的全过程,证明华盛顿根本就没有签署朝鲜的致歉文件。约翰逊总统在文件上批示"周二会议上讨论"。至于为何直到8月美国才正式实施该策略,笔者目前掌握的美国档案中并未反映出明确的线索。

7月10日第十九次会议结束后,本该朝鲜召集下次会议,但平壤一直按兵不动。于是,美国再次向苏联求援。8月13日,应美方的请求,多勃雷宁与卡岑巴赫举行了会谈。首先,卡岑巴赫对板门店谈判没能取得实质性进展,特别是上次会议结束后35天都未举行下次会谈表示深深的忧虑,声称美国人甚至因此怀疑是否还有必要继续进行这种原地不动的协商。接下来,他抱怨说,朝鲜顽固地要求美国承认"普韦布洛"号从事间谍活动并侵犯朝鲜领海、致歉并保证永不再犯。美国公众一直关心"普韦布洛"号事件,且将苏联与朝鲜联系在一起。不仅如此,索要"普韦布洛"号及其船员还成为美国总统竞选的主要议题之一。过不了多久,舆论将要求政府采取新的行动。美国人这番话的背后显然隐含着武力威胁。

作为回应,多勃雷宁坚持认为,平壤告诉莫斯科"普韦布洛"号数次侵犯朝鲜领海,几位船员也承认了这一点。卡岑巴赫否定了该说法。多勃雷宁退一步说,当时苏联人并不在场。参加会议的波伦补充指出,即便"普韦布洛"号进入朝鲜12海里范围内,依照国际法和惯例,朝鲜也只能发出警告并护送美国舰船重返公海。这位苏联大使似乎难以否认这一点,只得表示"大国"和"小国"对此有不同看法,苏联已向朝鲜表达了自己的观点。卡岑巴赫询问苏联是否接受第三国参与调查"普韦布洛"号事件,多勃雷宁答复道,莫斯科并不认为这样做有何不妥。卡岑巴赫继续追问,为什么平壤不允许美国探望船员,苏联大使回应说,朝鲜对美国深恶痛绝。或许是为了防止美国穷追猛打,多勃雷宁马上声称,他本人确实无法就该事件的解决方案提出建议。

但卡岑巴赫并未就此罢休,又问为什么朝鲜

要继续扣押美国船员。苏联大使说他无法代替平壤回答这一问题，并重申平壤完全了解莫斯科的想法，意在暗示对方苏联已尽力规劝了自己的盟友。最后，卡岑巴赫询问苏方，如果美国在"5月8日"文件修改版上"承认接收到船员"，问题是否能够因此获得解决。多勃雷宁表示，朝鲜不会认可该做法。可能是卡岑巴赫与多勃雷宁的会谈让美国人意识到了苏联对朝鲜影响力有限，此后华盛顿再没有就"普韦布洛"号危机与莫斯科进行深入沟通。

同一天，伍德沃德提交了一份致朴正国的照会①："按照双方在（板门店）秘密会议问题上确定的惯例，我认为您应该告诉我，您希望何时召开下次会议。您没有呼吁召开会议是否意味着您在我们讨论的议题方面没什么需要说的？"8月17日，朴正国做出回应，表示他知道按照惯例该由朝鲜组织下次会议了。25日，伍德沃德要求27日召开会议。朝鲜拒绝响应美方违反惯例而

―――――――――――

① 照会（diplomatic note）：是指国际交往的书信形式，是对外交涉和礼仪往来的一种重要手段。照会的使用及其内容体现国家的立场，涉及国家关系。

发出的呼吁,反过来要求29日11时召开会议,美方表示同意。

8月29日,美朝举行第二十次会议。美方开始试探实施"另签"策略的可能性,双方展开了一场文字游戏。伍德沃德询问朴正国:"如果我在以你方满意的语言起草的文件上承认接到船员,这样的话,你愿意同时将全体船员交给我吗?"朴正国答复说:"已注意到美方准备签署朝鲜有关致歉和保证的文件。"伍德沃德解释道:"您的声明中包含我没有使用的表述。"最终,朴正国依旧没有在同时释放船员问题上明确表态。

9月17日,第二十一次会议召开,前后持续近四小时。之所以耗费这么长时间,是因为双方都在不断地努力明确对方的立场,且多次停下来撰写发言稿。面对伍德沃德的追问,朴正国对自己的立场澄清道:假使美方同意签署并递交"5月8日文件",朝鲜方面准备讨论释放船员和签署文件的细节。不过,这位朝方代表一直不愿正面回答伍德沃德提出的有关"同时释放船员"的问题,也没有特别留意美国所说的"签署接单"的真正含义。与此同时,他几次试图确定伍德沃德所提到的以朝鲜能够接受的表述起草的文件是指"5月8日文件"。但这些试探都被伍德沃德挡了回去。

9月30日,美朝举行第二十二次会议。在开场发言中,朴正国重申了朝鲜的一贯立场,承诺在美方签署致歉文件的同时释放船员,并交给伍德沃德一份需要他签署的英文文件草案。值得注意的是,文件结尾处新增加了一段内容:"在签署文件的同时,签署人承认接收到82位前'普韦布洛'号船员和一具船员尸体"。伍德沃德询问对方,如果美国同意在"5月8日文件"上承认接收到船员,朝鲜是否同意在24小时内放人。朴正国答应下次会议协商释放船员的具体程序。朴正国在此次会议上的举动清楚地表明,朝鲜对美国意欲采取的"另签"策略已有所准备,美国将再次面临新的抉择。

会后,卡岑巴赫向约翰逊总统提交了一份长篇行动备忘录,分析了多种政策选择的利弊得失,并提出了经国务院和国防部同意的具体建议。

方案 A:试图就令人满意的接单达成一致意见。朝鲜不会接受任何不包含承认从事间谍活动并入侵朝鲜领海和为此致歉的草案。谈判只能减少而不能完全消除这些美国无法接受的内容,结果只会是美方草案向朝方草案靠拢,以至于事后越来越难以否认。相反,内容越极端的文件事后越容易否认。

方案 B:在发表解释性声明后签署文件。在签署文件之前的最后一次秘密会议上,美方将进一步发表一份有据可查的声明:该文件中包含许多美国认为错误的看法;美国船员并没有认罪;抓捕是彻头彻尾的非法行为;华盛顿之所以会很快签署文件,仅仅是出于要回船员的目的。美国在签署文件和要回船员时发表的公开声明可能只能明确表示美方签字完全是根据朝鲜方面提供的"证据",任何其他更为强硬的立场都可能导致对方拒绝交还船员。当然,船员获释后,美方将立即对此予以全面否认。

方案 C:在最后关头尝试"另签"。美国将继续与朴正国协商释放船员的程序安排,而暂时不管尚未解决的"签署"与"承认接到"两种表述之间的显著区别。随后,在朝方实际移交船员时尝试"另签"。这样做可能获得成功。但如果朴正国拒绝接受该做法,美方将因此陷入困境。或许他会当场坚决地要求美国签署文件,然后才释放船员。对华盛顿来说,在对方事先对此并没有一个清晰的理解并表示接受的情况下尝试"另签",国际舆论可能会认为美国人是奸诈之徒。如果美国拒绝退让,许多人则会视美国为冷酷无情的条文主义者。为了不让船员重返朝鲜,伍德沃德只能签署对方提供的接单。

方案D:澄清"另签"策略。美国会与朝鲜敲定释放船员的具体安排,并如实告诉朴正国华盛顿打算采取"另签"策略。经过一两次会议后,朴正国最后可能会拒绝接受这一方案。但如果他确信这是美方能够做出的最大让步,或许他会表示同意。如果他真的接受了,此方案将成为万全之策,没有人可以指责美国。倘若他坚决不同意,方案B仍可供选择。

在卡岑巴赫看来,相比较而言,方案A是死路一条,只会虚耗时间,不会有任何结果。实施方案C的最终结果可能仍然是退回到方案B,即直接签署文件。虽然在签署文件时发表公开声明对美国有益,但方案B的弊端仍旧十分明显。朝鲜采取非法手段敲诈美国,迫使美国签署他们提供的文件,为未做之事致歉并承认完全非法的事情为合法,这将使美国显得低三下四、卑躬屈膝。从这个角度考虑,除非方案D失败,否则无需考虑方案B。建议执行方案D。如果奏效,船员就会在美国完全能够接受的前提下获释。即便失败,也不会妨碍美国在以后做出其他选择。10月7日,约翰逊总统批准了方案D。

10月10日,第二十三次会议召开。一开始,伍德沃德便要求与朝方讨论释放船员的具体细节,并表示24小时内应能够解决所有相关问题。朴正国并没有正面回答24小时内能否放人,而是交给美方一份包括会议记录和船员名册在内的有关释放船员的书面建议。显然,文件表明,朝鲜希望双方达成协议后在放人时对美国签署致歉文件一事大肆宣传,并在签字和放人之间设定了两小时的间隔。伍德沃德试图让朴正国同意不允许媒体在签字时进行现场报道,但并未成功。紧接着,伍德沃德重申了美国将在"5月8日文件"上承认接到船员的打算。朴正国批评美国此举是不愿早日解决问题,并再次指出除非美国按照朝鲜的要求予以致歉并做出保证,否则别想要回船员。

10月23日，第二十四次会议举行。朴正国在开场发言中指责美国试图通过在"5月8日文件"上添加不必要的新的表述来规避直接致歉。伍德沃德明确表示，他希望在该文件上写明："由此，我承认接收到'普韦布洛'号船员。"朴正国警觉地回应道，朝鲜提供的文件本身已表达了该项内容，并询问美方是否准备签署"5月8日文件"。伍德沃德解释说，美方只是说"在你方满意的文件上承认接收到船员"。朴正国对此不以为然，责难美国原本已同意签署致歉文件，如今又抛出"这样的折中方案"来阻挠会谈。接下来，双方又就伍德沃德在文件上签字的位置进行了细致的讨论，朴正国坚决要求美方在文件末尾签名，此举显然意在防止美国利用"另签"策略。伍德沃德拒不同意。最后，朴正国宣读了事先准备好的发言稿，再次声称如果美国不按照朝鲜的要求签署致歉文件就别想要回船员。朝鲜人的耐心是有限的，他已说了所有想说的话，而美国却在无耻地耍花招，朝鲜不想这样继续空谈下去。什么时候美国准备签署致歉文件了，两国再举行会议。

10月31日，第二十五次会议召开。伍德沃德在开场发言中表达了美方的立场:1968年5月以来,美国一直试图基于朝鲜提供的文件和同时放人的原则解决问题;朴正国指责美国背信弃义完全没有根据。伍德沃德始终非常谨慎地表达自己的立场并纠正朝方的误解;如果你方(朝方)尚未完全理解美国的立场,可以仔细查阅上两次会议的记录;美国正在等待朝鲜做出回应。朴正国则宣读了事先准备好的发言稿,谴责美国的看法。美方建议休会。

直到12月初,应该就下次会议时间提出建议的朴正国仍旧坚守不出。

三、船员终获释

12月17日到22日,美朝进行了第二十六次至第二十八次会议,美国发出最后通牒,要求将船员释放。

1."最后通牒"方案

12月初,随着圣诞节日益临近及尼克松政府即将上台,苦苦等待了一个月的美国国务院终于沉不住气了。12月3日,卡岑巴赫向约翰逊总统提交了一份行动备忘录,分析了当前美国面临的问题,并提出了可供选择的方案及政策建议。

此时的问题:朝鲜依旧坚持要求美国签署朝方提供的承认从事间谍活动并屡次侵犯朝鲜领海、为这些"罪行"致歉、保证永不再犯的文件。近来的会谈让朝鲜明白了他们可能没有理解美国的意思,华盛顿不准备签署他们提供的文件,而只是承认接收到船员。于是,平壤斥责美国的建议为意在"逃避责任的如意算盘",拒绝接受"另签"方案。不过,他们也清楚地表明愿意在美国签署朝鲜提供的文件的同时(或几乎与此同时)交还船员,余下的仅是一些看起来并不难解决的程序性问题。如今该轮到朝鲜呼吁召开下次会议了,但10月31日以来平壤一直没有这样做。

可供选择的方案一:美国向朝鲜提出"另签"建议,将圣诞节作为最后期限,朝鲜必须在此之前表明接受与否。除此之外,美国还可以重提有条件致歉方案("如果我们侵犯了你方领海,则我们表示歉意")。华盛顿可以用新的表述对其加以包装,让它从表面上看起来像是包含新的内容,但不会把朝鲜提出的让人无法接受的要求写入其中,即直白地承认从事"间谍活动"并多次侵犯朝鲜领海。如果朝鲜有意解决问题,这样做或许可以满足他们对伍德沃德在文件末尾签字的要求。

可供选择的方案二:签署朝方文件,但在此前发表解释性声明并在船员获释后马上否定该文件。显然,如果直接签署朝鲜文件,美国立即便能要回船员，但这样做会让美国付出高昂的代价。不过，美国可以在签署文件的同时，甚至在此之前发表声明否定朝鲜文件的内容，以此来缓解公开致歉带来的负面影响。例如，可以让伍德沃德在签署文件前对着照相和录音设备澄清美国政府认为"普韦布洛"号并未从事间谍活动，也没有侵犯朝鲜领海。他之所以要签署文件，完全是出于人道主义考虑，希望要回船员。可问题在于，如果提前警告朝鲜美国会这么做，根本无法确定对方是否会接受该程序。相反，倘若不提前发出警告，朝鲜可能会在最后关头拒绝移交船员。而且，即便是这样的"否定性致歉"也会让美国在某种程度上显得卑下。

政策建议：由于圣诞节将至和美国新政府马上上台，可以趁机向朝鲜发出最后通牒而不至于冒谈判破裂的巨大风险。美国应考虑呼吁召开会议，向对方提出一揽子计划，要求朝鲜在"另签"方案和新的有条件致歉方案（美国同意签署朝鲜文件，但在实际签署文件前会发表一项声明，指出该文件中包含美国认为错误的内容，签署文件并不能改变这些事实）之间任选其一，以便让美国船员回家过圣诞节。否则,美国将撤回该一揽子计划,不再提出任何建议。若此计划失败,新政府可以完全按照自己选择的路线继续与朝鲜谈判。

在12月10日召开的星期二总统午餐会上,卡岑巴赫的建议获得批准。

2.船员跨过"不归桥"

12月11日,国务院就第二十六次会议向驻韩使馆发出指示:一般来说,朴正国不会提出新看法或表现出对"另签"感兴趣。果真如此,伍德沃德必须临场决定如何应对。假如朴正国只是长篇大论地批评美国过去的建议,伍德沃德应三言两语地加以驳斥,然后直接拿出一揽子计划:

圣诞节很快就要到了,这对美国人来说是个非常重要的全国性节日,约翰逊政府特别希望"普韦布洛"号船员们能够在圣诞节与家人团聚。此外,1969年1月20日新一届美国政府即将上台。若届时"普韦布洛"号事件仍未尘埃落定,后面将由尼克松政府决定通过何种适当的方式解决问题。鉴于此，本届政府将做最后一次努力，要求朝方于圣诞节前在"另签"和新的"有条件致歉"方案之间任选其一。

倘若朴正国均不接受，美国将在圣诞节后撤回该一揽子计划。

12月17日，美朝举行第二十六次会议。朴正国在开场发言中重申，要想让平壤释放船员，美国必须签署朝鲜文件。伍德沃德按照国务院的指示提出了一揽子计划。朴正国要求暂停讨论。研究了五十分钟后，朴正国表示接受新的"有条件致歉"方案，伍德沃德则同意按照朝鲜人的习惯签字。伍德沃德强烈敦促朝方次日继续召开会议讨论程序性问题，朴没有给予肯定性答复，只是说他准备好后会通知美国。

虽然朝鲜接受了新的"有条件致歉"方案，但美国国务院还是放心不下，最担心的是朝鲜要求修改伍德沃德在签字前发表的声明内容。一旦这样，约翰逊政府将做出强硬反应，明确告知朴正国该声明内容不容更改，否则双方原则上达成的协议就此作废。但事实证明,美国人担心的情况并未发生。

　　12月19日,第二十七次会议召开,两位代表耗费了近五个小时讨论细节。最后,双方在如下问题上达成一致:朴正国确认船员身体情况"正常",伍德沃德将其解释为健康状况良好;释放的顺序为布赫带着第83位船员的尸体首先通过位于板门店的"不归桥"①,其余船员依照官阶从低到高的次序逐个离开朝鲜;各方派出的媒体记者不得超过25人;一旦协议达成,双方可自行决定是否及怎样发表新闻稿;朴正国同意美国准备事先发表的解释性声明,但朝方同时也会发表一份声明;朝方将提供英文和朝鲜文版文件。英文版签名处在签名区上方,朝鲜文版签名处在签名区右边;朴正国坚持认为,依据朝鲜的法律和管理规定,签字和放人之间要有两小时间隔。美方不得不表示同意。悬而未决的是放人的具体时间。朴

―――――――――――――――

① "不归桥"是位于板门店共同警备区内的一座小桥,桥的两边一边属朝鲜辖区,一边属韩国辖区。朝鲜战争结束前后,这座桥被用于遣返战俘,穿过它来到另一边也就意味着不可能再回到这一边。"不归桥"也因此得名。通过"不归桥"得以遣返的战俘超过10万人。

正国坚决表示,上级机关尚未授权他告知美方何时释放船员,要等三四天后的下次会议方能确定。伍德沃德强烈敦促朝方应让船员与家人在圣诞节团聚。朴正国答复说:"我们将尽力满足你们的愿望。如果做不到这一点,那也是由于必不可少的行政程序所致。"会议即将结束之时,朴正国与伍德沃德约定将在下次会议达成最终协议。

12月22日,美朝举行第二十八次会议,约定第二天9时签字,11时放人。大体程序是伍德沃德先发表解释性声明,然后签署朝鲜文件。朴正国在检查文件后发表声明,并向伍德沃德递交释

图13 伍德沃德签署释放船员的协议

放船员的书面保证。

朝鲜时间12月23日上午9时，伍德沃德与朴正国最后一次会面。按照预定的程序，伍德沃德发表了简短的声明并签署了朝鲜提供的文件。朴正国认可了美方签署的文件，但指责国务院提前公布放人时间，声称原定时间无效。伍德沃德反驳朝鲜的指责，敦促对方11时30分放人，朴正国接受。就这样，11时30分"普韦布洛"号船员伴随着朝鲜高音喇叭播放的布赫"认罪书"依次通过"不归桥"。

船员们首先在美国陆军军营落脚，出席了一个简短的记者招待会，布赫做出如下澄清："普韦

图14　释放船员协议签字现场

图15　获释船员通过"不归桥"

图16　船员们前往第一二一转运医院

布洛"号从未驶入朝鲜领海。他本人及其船员之所以违心地承认，是因为受到了来自朝鲜的压力；朝鲜人曾殴打和辱骂船员。随后，船员们被送到了汉城(今首尔)附近美国陆军基地的第一二一转运医院接受体检，结果证明没有人需要治疗。12

月 24 日，"普韦布洛"号船员返回美国，与家人共度圣诞节。此后，船员们又接受了更为系统的医疗和心理检查。根据美方的说法，检查结果认定，被扣押期间船员们遭到了朝鲜人心理和生理上的虐待。

船员获释当天，约翰逊总统发表声明，感谢船员家属表现出的耐心和勇气，感谢谈判代表伍德沃德"在成功解救船员的同时维护了美国的诚实形象"，并对船员霍奇斯的阵亡表示哀悼。国务卿腊斯克也在声明中指出，在长期、艰苦的谈判中，朝鲜始终将美国承认侵犯其领海从事间谍活动并致歉作为放人的前提条件。谈判期间，华盛顿提出了各种各样合理的提议，但都遭到了朝鲜的坚决拒绝。最终，朝鲜接受了一种令人不解的方案：美方先否定致歉文件内容的真实性，再签署致歉文件。显然，平壤认为即便是这样一份"毫无意义的文件"对他们来说也具有宣传价值。遗憾的是，此次没能一并要回"普韦布洛"号，今后美国会继续努力索要船只。而国务院发言人则通过声明进一步强调，伍德沃德签署的那份内容虚假的致歉文件仅仅是为了要回船员。

自 1969 年 1 月 20 日开始,海军调查法庭通过公开和秘密听证会等方式对"普韦布洛"号被俘及事件带来的损失等相关问题展开了广泛调查,搜集到 4300 多页证言。3 月 13 日调查结束,5 月 5 日公布调查结果。法庭建议判定布赫船长和海军安全小组"普韦布洛"号小分队队长哈里斯有罪,由军事法庭对二人予以审判。布赫的罪名为,没有抵抗朝鲜的进攻、在遭受朝鲜攻击时未能对"普韦布洛"号采取有效保护措施、屈从于朝鲜的命令将船只驶入元山港、没能很好地对船员进行紧急破坏方面的训练、让机密文件落入敌人之手。哈里斯的罪名为,未能向"普韦布洛"号指挥官说明小分队某些机密设备自身存在的缺陷、没有有效地对船员进行紧急破坏训练并按照命令对机密文件进行销毁。法庭还建议判定行政官墨菲有罪,罪名为玩忽职守,以及没有为此次行动提供充分支持和保护等。最终,海军部部长查菲查阅了调查法庭的记录,驳回了这些建议,理由是:"普韦布洛"号危机发生的根源在于公海航行自由权遭到破坏,责任必须由所有相关人士承担,而非一两个人的过错。布赫及其船员们在朝鲜已遭受了很多

图17　海军调查法庭开庭

图18　布赫和他的律师

痛苦,应免于惩罚。这一切表明,海军部对"普韦布洛"号事件的官方调查到此为止。

在约翰逊政府任期即将结束之时,国务院和国防部曾讨论过如何促使朝鲜归还"普韦布洛"号的问题,考虑要对正在荷兰港口城市鹿特丹建造的朝鲜渔船采取行动。由于此举会在某种程度上破坏"海上自由原则",最终美国放弃了该计划,但索要"普韦布洛"号一事并未随之不了了之。此后,美国政府特别是国会多次要求朝鲜归还这艘唯一被外国政府扣留的美国舰船,但均被对方拒绝。时至今日,朝鲜依旧没有归还"普韦布洛"号。每逢重大纪念日来临之际,朝鲜有时会将"普韦布洛"号作为展览品,平时向游客开放参观,以彰显与"美帝国主义"斗争取得的"伟大胜利"。而为了保留索要船只的权利,美国海军仍然将"普韦布洛"号作为服役舰船。

3.美国的"情报滑铁卢"

"普韦布洛"危机是美国情报史上的重大事件。事件发生当天,考虑到"普韦布洛"号被俘前船员们可能并未彻底破坏所有的机密文件和设备,加之船上的信号情报人员掌握大量机密信息,国家安全局决定着手评估此次危机对信号情报工作的影响。很快,国家安全局初步断定,虽然目前难以进行准确评估,但基本可以确定情报设备遭受了史无前例的损失,部分技术资料已被朝方缴获,朝鲜及其盟国可能借此了解到美国全球信号情报和其他情报活动的进展情况。但相对情报设备来说,密钥信息的安全则更加重要。值得庆幸的是,相关的密钥信息15分钟内即可破坏,船员们至少进行了一个小时的紧急破坏活动,且按《破坏法》规定密钥单和密钥卡①必须首先破坏。由此判断,密钥信息大体安全,"普韦布洛"号上的四种机密解码设备(KL-47、KW-7、KWR-37和KG-14)中的三种对朝方来说并无利用价值。但不管怎样,国家安全局还是决定,通过缩小可能被破译密码的使用范围及使用替代密码系统等方式采取

① 使用者借助密钥单可以确立一种24小时内有效的、独一无二的密码设备组装方式,然后将密钥卡插入密码设备便能够实现重新组装。重新组装后的密码设备将产生大量新的数字组合方式,由此发出的信息对方只有使用由完全相同的密钥信息组装的密码设备才能识别。

预防措施。

5月13日,国家安全局向美国情报委员会提交了一份备忘录,对"普韦布洛"号事件带来的情报损失做出进一步评估。备忘录认为,如果朝鲜及其盟友利用了从"普韦布洛"号获得的情报技术和理念,这一切很可能会给美国的情报工作带来长期的不利影响。但就通信情报安全而言,单单是情报设备的损失并无大碍,因为美国通常每天都会利用密钥单和密钥卡生成新的加密排列。即便是社会主义国家获得了某些加密排列,也只是给使用特定加密排列的通信情报带来安全问题。为此,美国已停止使用或尽量替换可能遭到破坏的加密排列。考虑到当时的行动代码和认证系统已得到广泛利用,不可能立即替换,只能向持有者发出适当的安全警告。

此后,国家安全局继续关注该问题,并在船员获释后对他们进行了讯问,从中了解到朝鲜缴获机密文件和设备的详细情况。最终的结论是:由于社会主义国家没有得到密钥信息,无法将密钥与密码设备配合使用,"密码设备的损失给美国通信安全带来的绝对威胁极小"。据此,美国决定继续使用与"普韦布洛"号舰载通信情报设备相同类型的密码硬件装置。

美国负责进行"普韦布洛"号事件情报损失评估的不仅仅是国家安全局,还有一个由中央情报局(Central Intelligence Agency, CIA)、国防情报局(Defense Intelligence Agency, DIA)和陆海空三军情报分支机构组成的联合情报小组。该小组同样认为,朝鲜截获的大量情报信息使社会主义国家得以了解美国的情报搜集能力,对华盛顿在东南亚的情报搜集工作构成了致命的打击,但美国的通信情报依旧安全。

然而在1985年,美国联邦调查局破获了一起"约翰·沃克间谍集团案"。直到这时,华盛顿才真正认识到"普韦布洛"号危机给美国通信情报带来的巨大损失。

事情的大体经过是这样的。1967年10月,美国海军军官沃克带着一些机密文件(其中就包括KL-47型密码机的密钥单)主动联系苏联驻美国大使馆,要求充当间谍,以换取高额报酬。验证文件属实后，克格勃当场决定与沃克合作。此后，逐渐形成的沃克间谍集团又向苏联提供了KW-7、KW-R37和KG-14型密码机密钥单，以及密码机操作和维修手册。1968年1月底，苏联从朝鲜那里获得了"普韦布洛"号舰载密码机。两相配合，莫斯科便可以对美国海军发送的机密信息进行解码。美国前国防部部长卡斯帕·威拉德·温伯格（Caspar Willard Weinberger）事后评价说，在美苏海军竞争中苏联取得的明显进展与沃克间谍集团有关。这一评价丝毫不为过。在美国政府看来，"普韦布洛"号舰载密码设备领先苏联大约十五年。但从朝鲜那里获得这些设备后，莫斯科一年之内就赶上华盛顿了。而且据估计，苏联还利用沃克间谍集团提供的密钥资料对100万份美国密码信息进行了解码。因为KW-7型密码机在越南被广泛应用，苏联可以提前获知美国的轰炸计划和其海军未来的行动安排，并通告越南民主共和国做好相应的准备。同样，莫斯科通过破译美国海军往来机密信息还了解到美国全球军事调动的详情、美国"三叉戟"核潜艇的位置，以及美国大西洋舰队的作战计划。

参考资料

1. Mitchell Lerner, *The Pueblo Incident: A Spy Ship and the Failure of American Foreign Policy,* Lawrence: University Press of Kansas, 2002.

美国学者米切尔·勒纳在该书中利用了美国第二国家档案馆、约翰逊总统图书馆、海军历史中心和美国各大学图书馆收藏的原始档案文献，细致入微地描述了"普韦布洛"号间谍船的诞生、被俘、危机初期美国政府的反应、船员们在朝鲜的遭遇、危机的解决，以及美国政府各部门对船员的质询等相关历史过程。在结论中，他既承认约翰逊总统克制的反应"不仅挽救了82名人质的生命，或许还使有可能在另一场朝鲜战争中丧生的成千上万的美国人幸免于难"，又批评美国政府惯于将地区危机夸大为资本主义与社会主义全球斗争的一部分，忽略朝鲜作为一个民族主义国家的天然属性。

2. Richard A. Mobley, *Flash Point North Korea: The Pueblo and EC-121 Crises*, Annapolis: Naval Institute Press, 2003.

理查德·莫布利是一位退伍美国海军情报官。他在这部著作中所利用的美国原始文献的来源与勒纳著作的参考内容大体相同。莫布利重点探讨了约翰逊政府在"普韦布洛"号被俘初期的军事反应，并从比较的视角将华盛顿对1968年和1969年两次朝鲜半岛危机的应对策略进行了对比，总结了美国应该从中汲取的经验和教训。在他看来，"普韦布洛"号和EC-121危机一方面说明了美国情报搜集活动遇到的危险和陷阱，以及指挥、管理、通信和情报系统的某种脆弱性，另一方面也肯定了危机发生后调动军队的必要性。"但最重要的是，两起事件都证明未来分析和威慑'北朝鲜'将继续面临挑战，这个依然令人感到费解的国家几乎一定会继续给美韩两国在外交政策方面出一些始料不及的难题。"

3. Jack Cheevers, *Act of War: Lyndon Johnson, North Korea, and the Capture of the Spy Ship*

Pueblo, **New York: NAL Caliber, 2013.**

　　杰克·奇弗斯原为《洛杉矶时报》记者。虽非"科班出身",但他的这部书却是不折不扣的学术著作。为完成此书,作者采访了包括"普韦布洛"号船员和前约翰逊政府官员在内的五十余位当事人,并广泛搜集了美国、韩国、苏联和东欧国家的档案资料。在此基础上,奇弗斯首先回顾了"普韦布洛"号改装和被俘的经过,继而大体按照时间顺序穿插叙述美国的决策、韩国的反应、苏联的应对,以及船员在朝鲜的遭遇,最后详细勾勒了政府各部门对归国船员的质询过程及布赫等人的生活状况。该书的最大价值是根据近年来公开的原始文献补充了大量历史细节,特别是对船员本身给予了更多的关注。

　　4. 梁志:《冷战与情报:美国"普韦布洛"号危机决策史》,北京:世界知识出版社,2014年。

　　梁志利用美国、苏联、东欧国家、韩国等国的档案文献,试图还原美国处理"普韦布洛"号危机的决策过程。他在叙事框架方面做出了个性化努力,即从纵向("普韦布洛"号改造、首航任务确定、执行任务、被俘和船员获释)与横向(美国与朝鲜、苏联和韩国就此次危机进行的谈判和沟通)两个方向讲述这个故事。该书分析了美国在危机前后做出的错误判断和克制反应,并对约翰逊政府板门店秘密会谈谈判策略予以评价。该书认为,1968年"普韦布洛"号危机发生前后,约翰逊政府最高决策层和大部分情报及军事部门在很大程度上依旧坚持"共产主义铁板一块"的观点,对朝鲜抓捕"普韦布洛"号的可能性和意图做出了错误判断。权衡利弊之后,美国并未对朝鲜采取报复行动,而是接受了朝鲜的谈判提议。在美国政府确定谈判策略的过程中,人道主义关怀明显从属于维护国家声望与避免伤害盟国等政治层面考虑,致使板门店秘密会谈久拖未决。

5. 韩国电影《实尾岛风云》(2003)

该影片于2003年12月24日在韩国上映,荣获2004年度韩国青龙电影奖最佳电影奖,并在第41届韩国电影大钟奖中斩获4项大奖。1968年1月21日,31名朝鲜武装人员偷袭韩国青瓦台总统府,刺杀朴正熙未遂,即"青瓦台事件"。为了报复朝鲜,韩国组建了以刺杀金日成为目标的"684部队",并在实尾岛对他们进行体能和军事训练。

然而三年以后随着朝鲜半岛南北方关系的缓和，刺杀计划被搁置起来。相应地，韩国高层下达了消灭该部队的命令。有所发觉的"684部队"先下手为强，发动了暴动。《实尾岛风云》描述的便是上面这段历史过程。"青瓦台事件"与"普韦布洛"号危机是1968年初朝鲜半岛先后发生的两起突发事件。观看《实尾岛风云》这部电影有助于读者体会20世纪60年代末朝鲜半岛紧张局势的整体气氛。